틴~꿈 십대성경공부 | 성경개관 시리즈 3

성경, 한눈에 쏘옥~

성경파노라마 구약3

이대희 지음

엔크리스토 ENCHRISTO

인생의 기초를 성경으로 다져라

십대는 두 번 다시 돌아갈 수 없는 인생에서 귀한 시기입니다.
앞으로 인생을 살아가는 데 있어 기초를 다지는 시기로, 십대를 어떻게 보내느냐에 따라 인생이 달라집니다.

우리가 사는 세상에는 십대를 유혹하는 잘못된 문화와 가치관들이 너무 많습니다.
세상에 물들지 않고 성경적 가치관과 하나님의 나라를 꿈꾸며 살아갈 수 있는가 하는 것은 모든 십대뿐 아니라 십대를 지도하는 부모와 교사들이 갖는 중요한 관심사입니다.

십대들을 영원히 지켜줄 수 있는 것은 오직 말씀입니다.
이 시기에 하나님의 말씀으로 얼마나 무장하느냐에 따라 미래의 삶이 결정됩니다.
성경으로 인생의 기초를 다지는 일은 그 어떤 일보다 중요한 일입니다.

틴~꿈 십대성경공부 시리즈는 성경 자체를 배우면서 십대의 삶을 가꾸는 내용으로 구성되었습니다. 일차적으로 성경개관을 통해 성경 전체의 맥을 잡고, 그 다음으로 구약성경책과 신약성경책을 통해 십대에 관계된 성경의 각권을 선택하여 공부하도록 했습니다.
자매 시리즈인 아름다운 십대 성경공부 시리즈와 함께 연결하여 사용하면 균형 있는 교과과정이 됩니다.

아무쪼록 이 성경공부 교재를 통해 성경적 비전을 품고 말씀과 일치를 이루는 하나님의 사람으로 자라나길 기도합니다.
오직 주님께 영광을…….

이대희

틴~꿈 십대성경공부 시리즈 교재의 특성

1_ 십대들이 꼭 알아야 할 핵심내용과 성경적인 가치관과 세계관을 정립하는 성경공부입니다.

2_ 귀납적 형태를 띤 이야기대화식으로 탐구능력을 키우고 생각을 점차 열리게 하는 흥미로운 성경공부입니다.

3_ 자유로운 토의와 열린 대화를 활발하게 하는 소그룹에 적합한 성경공부입니다.

4_ 영적 사고력과 해석력, 분별력을 키우면서 스스로 적용능력을 점차 극대화시켜 주는 성경공부입니다.

5_ 본문중심 성경공부로, 성경이야기 속으로 빠져들어 말씀의 성육신을 경험하는 성경공부입니다.

6_ 흥미와 재미를 유도하는 주제로 구성되어 있고, 모두가 쉽게 참여하면서 영적 깊이와 변화를 체험하게 하는 전인적인 성경공부입니다.

7_ 성경공부를 통하여 자연스럽게 학과공부와 전인교육에 필요한 논술력, 사고력, 상상력, 창의력, 응용력을 함께 계발시키는 성경공부입니다.

8_ 분반공부와 제자훈련 등 시간(30분, 1시간, 1시간 30분)을 탄력적으로 운영하며 사용할 수 있는 성경공부입니다.

9_ 15년 동안 준비하고 실험한 성경공부 사역 전문가에 의하여 검증된 효과적인 공부 방법과 총체적이며 전인적인 교과과정이 체계적으로 구성된 신뢰할 만한 성경공부입니다.

틴~꿈 십대성경공부 시리즈 전체 양육과정표

'틴~꿈 십대성경공부 시리즈'는 1년 단위로 5권씩 3년동안 성경 전체의 내용을 핵심적으로 다루도록 구성되었습니다. 1년차는 성경 파노라마를 통해 성경의 맥과 개관을 다룹니다. 그리고 구약책과 신약책 중에서 십대에 맞는 책을 선택하여 집중적으로 유형별로 균형 있게 공부하도록 했습니다. 십대 시기에 성경의 맛을 직접 느끼게 함으로써, 앞으로의 삶 속에서 성경을 계속 배우고 실천하는 데 도움을 주는 방향으로 내용을 구성했습니다. 십대를 마칠 때는 적어도 성경의 중요한 맥과 뼈대를 잡고, 성경의 내용을 각권별로 조금씩이라도 살아 있는 말씀으로 경험한다면 평생동안 말씀과 함께 사는 데 큰 도움이 될 것입니다.

	성경개관 시리즈	구약책 시리즈	신약책 시리즈
1권	**성경파노라마 – 구약1** 성경, 한눈에 쏘옥~	**창세기** 인생의 뿌리, 꽉– 잡아라	**누가복음** 최고의 멘토, 예수를 만나라
2권	**성경파노라마 – 구약2** 성경, 한눈에 쏘옥~	**에스더** 영적 거인, 빼– 닮아라	**로마서** 내 안의 복음발전소
3권	**성경파노라마 – 구약3** 성경, 한눈에 쏘옥~	**다니엘** 나는 바이블 영재!	**사도행전** 글로벌 증인이 되어라
4권	**성경파노라마 – 신약1** 성경, 한눈에 쏘옥~	**잠언** 지혜가 최고야!	**빌립보서** 기쁨을 클릭하라
5권	**성경파노라마 – 신약1** 성경, 한눈에 쏘옥~	**전도서** 인생이 보인다!	**요한계시록** 인생승리, 폴더를 열어라

- 각 과는 10과 내외로 구성되어 있으며, 3년 과정으로 중고등부가 모두 사용할 수 있습니다. 각 교회 상황에 따라 순서에 상관없이 책을 자유롭게 선택하여 사용 가능합니다. 과정을 계속 이어가기를 원하면 "아름다운 십대 성경공부 시리즈"(3년차)와 연관하여 사용할 수 있습니다.

차례

■ 성경 전체 지도 ■

통일왕국—분열왕국시대—포로시대—귀환시대 파노라마

(사무엘 - 열왕기 - 역대기 - 에스라 - 느헤미야, 선지서, 시가서)

사무엘서, 왕상 1–10장
통일왕국시대
"왕"

1. 불순종한 사울왕
2. 하나님의 마음에 합한 다윗왕
3. 다윗의 영원한 언약
4. 밧세바와 다윗
5. 솔로몬의 영광과 패망

왕상 11장~왕하, 선지서
분열왕국시대
"실패"

6. 분열된 왕국
7. 선지자 사역

예레미야, 다니엘, 에스겔
포로시대
"안식"

8. 포로 70년

에스라, 느헤미야
귀환시대
"부흥"

9. 포로 귀환
10. 새로운 부흥
11. 메시야 기다림

침묵시대 - 400년 - 준비

■ 성경 여행 지도 ■

■ 한눈으로 보는 통일왕국시대

(사무엘상하, 열왕기상 1-10장)

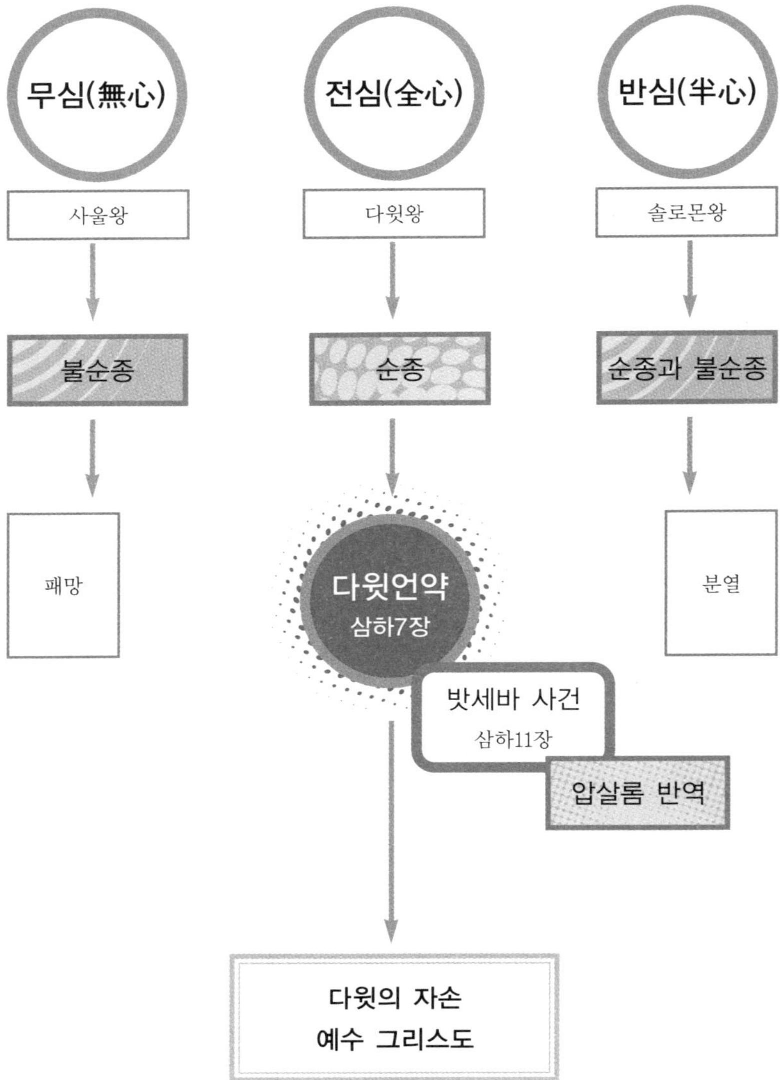

01

불순종한

사울왕

중심인물 : 사울, 사무엘, 다윗

하나님은 이스라엘 백성들이 다른 나라와는 다른 방식으로 살기를 원하셨습니다. 그것이 이스라엘을 가나안 땅에 오게 한 이유였습니다. 다른 나라처럼 인간을 왕으로 두고 그 왕의 지배 속에서 살기보다는, 하나님을 왕으로 섬기며 하나님이 보내시는 지도자들로부터 하나님의 명령을 받고 사는 나라가 되기를 바라셨습니다. 그러나 이스라엘 백성은 하나님의 방식보다는 인간의 방식으로 자기들이 왕을 세워 그를 통해 나라를 세우길 원했습니다. 결국 하나님은 인간들의 요구를 들어 주었고, 그렇게 해서 세운 왕이 사울입니다. 사울은 백성들의 눈에 맞는 외적인 모습이 갖추어진 왕이었습니다.

① 초기의 사울왕

● 이스라엘의 초대 왕인 사울은 어떤 사람입니까?

—삼상9:1-2, 21

● 사울은 처음에는 하나님의 신이 크게 감동된 사람으로, 암몬 사람을 물리쳐 백성들에게 어떤 평가를 얻게 됩니까?

—삼상11:6-11

Tip 사울의 시작은 아주 좋았습니다. 자기가 연약한 자라는 사실을 알았고 겸손한 자세를 가졌습니다. 전쟁에서 승리하여 백성들이 그동안 그렇게 원했던 욕구를 충족하는 왕이 되었습니다. 그러나 그 겸손은 오래가지 못했습니다. 끝까지 처음의 마음을 가지는 것이 중요합니다. 잠깐 동안의 성공은 쉽습니다. 그러나 영원한 성공은 쉽지 않습니다.

② 하나님께 불순종한 사울왕

● 사울은 하나님께 어떤 잘못을 범하는지 말해 보십시오.

1) 블레셋 전투에서 사무엘을 기다리지 못하고 성급한 실수를 범함.

—삼상13:8-15

2) 블레셋과 아말렉 전투에서 하나님께 불순종함.

—삼상15:1-9

3) 자기의 잘못을 회개하기보다는 오히려 여러 가지 변명으로 정직하지 못한 태도를 보임.

—삼상15:20-23

Tip 사울은 40세 때 이스라엘 초대 왕으로 즉위하여 40년간 통치를 합니다. 즉위 후, 차츰 시간이 흐르면서 그는 하나님보다는 인간을 의지하는 모습을 보이게 되는데, 결국 하나님으로부터 버림을 받습니다. 사울은 처음에는 겸손하게 성공적으로 통치했으나, 나중에는 스스로 교만하여 실패자로 전락하고 말았습니다. 사울이 실패하게 된 가장 큰 이유는 자기 위치를 파악하지 못한 교만 때문이었습니다. 참된 왕이신 하나님을 의식하기보다는 스스로 왕의 자리에 집착함으로 결국 하나님의 진노를 샀고, 그것은 왕의 자리를 무너지게 한 원인이 되었습니다. 자기의 왕 된 위치가 하나님으로부터 왔다는 철저한 의식이 사라진 순간 사울은 타락하고 말았습니다. 우리도 내가 주인이라고 생각하는 순간 넘어집니다. 성령 충만한 삶은 하나님을 철저히 주인으로 인정하면서 왕으로 모시는 가운데 이루어집니다. 혹시 나도 사울처럼 나 스스로가 모든 것을 주관하는 주인이라고 생각하는 건 아닌지 살펴보아야 합니다.

3 다윗을 시기하는 사울

● 사울은 자기를 시중들던 다윗을 어떻게 대했습니까?

1) 다윗을 시기함으로 권력욕에 사로잡힘.

—삼상18:6-9

2) 악신이 들어가 하나님이 택한 다윗을 죽이려함.

—삼상19:8-10

3) 다윗 때문에 무고한 85명의 제사장들을 죽임.

—삼상22:16-19

Tip 사울은 다윗과 자기를 비교하면서 다윗을 시기하게 됩니다. 결국 사울은 왕의 직무를 저버리고, 오직 다윗을 죽이려는 것에만 혈안이 되어 인생을 허비합니다. 시기와 욕심에 사로잡힌 사울은 점점 더 깊은 늪으로 빠져들어, 하나님의 제사장들까지 죽이는 엄청난 죄를 저지릅니다. 사람의 마음은 시기와 욕심에 사로잡히면 무서운 괴물로 변합니다. 남과 비교하지 말고 자기의 위치에서 최선을 다하는 것이 중요합니다.

4 패망하는 사울

● 사울은 불안한 정국을 타개할 방법으로 비신앙적인 방법을 사용하게 되는데, 그것은 무엇입니까?

—삼상28:8-14

● 사울은 길보아 전투에서 블레셋의 추격을 받고 더 이상 피할 수 없어 자결함으로써 비참한 최후를 맞이합니다. 그 내용을 말해 보십시오.

—삼상31:1-6

Tip 하나님을 거부하고 자기가 왕이 되려는 순간, 사단은 그 틈을 놓치지 않고 들어와 우리를 무너지게 합니다. 죄가 들어오자 사울은 아주 추하고 변명이 심한 사람으로 돌변합니다. 사단의 지배 하에 들어간 그는 결국 엔돌의 신접하는 무당까지 불러 들여서 하나님의 뜻을 알려고 하는 어리석음을 범합니다. 인간은 영적으로 우둔해지면 전혀 생각지 못한 잘못을 범하게 되는데, 결국 그로 인해 비참한 종말을 맞게 됩니다. 교만은 패망의 선봉입니다. 인간이 넘어지는 것은 하나님의 자리를 넘보며 스스로 왕이 되려고 할 때입니다. 이것은 마치 아담과 하와가 하나님의 자리를 넘보려다 죄를 짓는 것과 같습니다. 우리의 변명, 불순종, 시기와 질투, 미움, 살인 등은 모두 스스로 교만한 데서 오는 죄악 된 모습들입니다. 신앙은 교만과의 싸움입니다. 가장 큰 능력은 겸손입니다.
종의 형체를 가져 자기를 스스로 비우고 친히 인간의 죄악 된 몸으로 오신 예수님의 마음을 본받도록 해야 할 것입니다.

말씀과 삶

1. 하나님을 왕으로 섬기는 것을 꺼리고, 스스로 왕(주인)이 되기를 좋아하는 나의 교만한 모습 서너 가지를 찾아보십시오.

2. 인간의 악한 여러 가지 모습들(시기, 질투, 속임수, 변명)은 모두가 하나님을 저버린 데서 오는 증상들입니다. 이런 증상을 치료하기 위한 실제적인 방안을 말해 보십시오.

02

하나님의 마음에 합한 다윗왕

중심인물 : 다윗, 사무엘, 골리앗, 사울

이스라엘의 초대 왕인 사울을 폐위하기로 작정하신 하나님은 사무엘을 불러서 새로운 왕을 찾아 기름을 부으라고 명하십니다. 잘못된 왕은 하나님을 잊어버리게 만들지만 좋은 왕은 하나님을 기억하게 만듭니다. 사울은 하나님의 왕 되심을 인정하기보다는 인간적인 왕의 지위에 너무 급급했습니다. 사무엘은 사울을 대신할 왕으로, 하나님을 진정한 왕으로 섬기는 하나님의 마음에 합한 사람을 찾아 나섭니다.

● 다윗은 여러 방면에서 다재다능한 사람이었습니다. 다윗은 양을 사랑하는 양치기로서 시와 노래에 뛰어났을 뿐 아니라, 양을 괴롭히는 맹수들을 물리치는 용맹스러움도 가지고 있었습니다. 다윗은 이스라엘 2대 왕으로 어떻게 부르심을 받았습니까?

—삼상16:6-13

___

___

● 다윗은 사울을 시중드는 사람으로서 천거되어 왕궁으로 들어갔습니다. 다윗은 거기서 사울에게 어떤 일을 하였습니까?

—삼상16:14-23

___

___

● 이스라엘 군대는 블레셋의 거인 장군 골리앗을 굉장히 두려워했습니다. 이런 골리앗을 다윗은 어떻게 물리쳤습니까?

—삼상17:41-19

___

___

Tip 다윗은 하나님의 마음에 합한 사람이었습니다. 다윗이 왕으로 선택된 것은 인간적인 선택이 아닌 순전히 하나님의 선택이었습니다. 이미 하나님의 사람으로서 훌륭한 자질을 가지고 있었습니다. 이런 다윗을 하나님은 이스라엘 왕으로 세우셨습니다. 인간적으로 보면 자격이 없는 이새의 여덟 형제 가운데 말째였습니다. 그러나 하나님을 향한 신앙과 담대한 용기는 어느 누구보다 대단했습니다. 다윗은 모두가 겁을 내는 골리앗에게 당당히 대항했습니다. 그는 오직 하나님만을 믿고 물맷돌 하나로 골리앗에게 맞섰습니다. "나는 만군의 여호와의 이름 곧 네가 모욕하는 이스라엘 군대의 하나님의 이름으로 네게 나아가노라"(삼상17:45)하며 담대히 외치는 모습은 실로 감동적입니다. 하나님을 향한 온전한 신뢰는 세상의 어떤 두려움도 이겨 낼 수 있음을 보여 줍니다.

2 왕의 수업을 받는 다윗

● 다윗은 골리앗을 물리침으로 백성들에게 대단한 환영을 받습니다. 그러나 이 일은 사울에게 크나큰 실의를 가져다주면서 결국 다윗을 미워하는 계기가 됩니다.
승전하고 돌아 오는 사울의 일행을 맞이하는 이스라엘 여인들의 환영의 모습을 말해 보십시오.

—삼상18:6-9

● 다윗이 사울에게 죽임을 당할 뻔했던 위험들은 어떤 것인지 말해 보십시오.

1) 첫 번째 위험 / 수금 탈 때 죽이려 함

—삼상18:10-11

2) 두 번째 위험 / (메랍)과 미갈과 결혼지참금

—삼상18:17-29

3) 세 번째 위험 / 수금 탈 때 죽이려 함

—삼상19:9-10

4) 네 번째 위험 / 전령들을 보내 죽이려함(미갈 살려 줌)

—삼상19:15

5) 다섯 번째 위험 / 전령들을 세 번 보냄(예언함)

—삼상19:20-24

6) 여섯 번째 위험 / 사울과 요나단

—삼상20:31

7) 일곱 번째 위험 / 그일라 주민 밀고

—삼상23:13-14

8) 여덟 번째 위험 / 마온 황무지

—삼상23:24-28

Tip 다윗은 사울로부터 여덟 번에 걸쳐 죽음의 위협을 받습니다. 그러나 하나님은 당신의 종 다윗을 매순간 다양한 방법으로 위험에서 구해 내셨습니다. 아무리 사울이 다윗을 찾아 내 죽이려 해도 하나님이 다윗을 보호하시니 죽일 수가 없는 것입니다(삼상23:14). 다윗에게 이런 위험은 왕이 되기 위한 훈련이요, 왕의 수업을 받는 학교였습니다. 다윗은 수없는 어려움을 잘 이겨 냅니다. 결국 둘의 대립은 대적 사울이 죽으면서 다윗의 승리로 막을 내립니다. 하나님이 함께하시면 누구도 나를 위협할 수 없습니다. 이것이 내가 하나님의 사람이 되어야 할 중요한 이유입니다.

3 겸손한 다윗

● 사울의 시기심으로 쫓김을 당하던 다윗에게 사울을 죽일 수 있는 절

호의 기회가 두 번 있었습니다. 그러나 다윗은 사울을 죽이지 않고, 하나님께 맡기며 살려 줍니다. 그 내용을 말해 보십시오.

1) 첫 번째 은혜

—삼상24:1-7

2) 두 번째 은혜

—삼상26:6-12

3) 이스라엘 두 번째 왕이 됨

—삼하5:1-5

Tip 다윗은 하나님께 왕으로 기름 부름을 받지만 금방 왕이 된 것이 아닙니다. 사울의 끊임없는 시기와 질투와 죽이려는 위협으로 인해 방황의 시간을 오랫동안 보냅니다. 다윗은 대적 사울을 미워하지 않고 자비를 베풀면서, 하나님의 때를 기다리며 왕으로서의 자질을 갖추는 과정을 잘 이수합니다. 다윗은 자기에게 주어진 이해 못할 고난을 잘 이겨 내고, 드디어 하나님의 정한 때에 왕위에 오릅니다. 스스로 왕이 된 것이 아닌 하나님의 때를 기다리면서 하나님이 왕으로 세워 줄 때까지 기다린 것입니다. 여기에 다윗의 위대함이 있습니다. 다윗은 철저히 하나님을 신뢰하고 모든 것을 하나님께 위착함으로써, 하나님 중심으로 살아가는 겸손한 지도자의 리더십을 배웠습니다.

말씀과 삶

1. 하나님의 사람으로서 갖춰야 할 자격을 몇 가지 정리해 보십시오.

2. 하나님이 세워 줄 때까지 기다리는 것이 중요합니다. 나는 살아가면서 어떤 환경에서든 하나님을 신뢰하는 정도가 얼마나 됩니까? 원수에 대해서 자비와 사랑의 마음을 얼마나 가질 수 있다고 봅니까?

03

다윗의 영원한 언약

중심인물 : 다윗

이제 사울의 시대는 마감하고 다윗의 시대에 들어서게 됩니다. 다윗은 하나님의 마음에 합한 왕으로 왕의 모델입니다. 다윗은 이스라엘을 가장 높은 수준까지 끌어 올립니다. 우리는 이 시기를 '이스라엘의 황금시대'라고 말합니다. 다윗이 통치하던 시대는 우상이나 산당도 없었습니다. 세속적인 생각 또한 왕궁에 자리 잡지 못했습니다. 무역도 가장 번창하여 경제적으로도 부강한 나라가 되었습니다. 전쟁의 승리를 거듭함으로써 외세의 침략에도 불안하지 않은 태평시대였습니다. "여호와께서 함께 계시니 다윗이 점점 강성하여 가니라" (대상11:9)

❶ 언약을 사랑하는 다윗

● 언약궤가 돌아 오는 과정을 말해 보십시오.

—삼하6:12-15, 21-22

Tip 왕에 등극한 다윗은 먼저 잃어버린 법궤를 가져왔습니다. 사울은 하나님의 언약에는 관심이 없었습니다. 그는 잃어버린 법궤를 찾아올 생각도 없었습니다.
그러나 다윗은 왕에 오르면서 법궤를 가져옵니다. 이것은 엘리 때 법궤를 빼앗긴 후에 일어난 일입니다. 20년간 아비나답의 집에 보관된 법궤가 오벧에돔의 집에 석 달을 다시 머물게 됩니다. 다윗이 그 법궤를 다시 가져온다는 것은 중심이 하나님이시라는 것을 의미합니다. 다윗은 하나님이 진정한 왕이심을 잘 알았던 왕입니다. 법궤가 들어오는 것을 보고 춤을 추는 것은 왕이 아닌 종으로서의 모습입니다.

❷ 성전 건축의 소망

● 다윗은 하나님께 무슨 소원을 가지고 있었습니까?

—삼하7:1-3

Tip 다윗이 성전을 건축하고자 하는 마음을 가진 것은 하나님의 언약을 모실 집이 필요한 데서 나온 소원입니다. 이것은 다윗이 하나님의 말씀을 얼마나 사모하였는지를 보여 주는 대목입니다. 하나님의 말씀을 하나님으로 인식하면서, 오직 말씀대로 살고자 하는 왕의 자세를 생각해 볼 수 있습니다. 성전은 지성소에 있는 언약궤를 위해 존재합니다. 성전의 핵심은 언약입니다. 말씀을 이루기 위해 성전이 필요합니다. 말씀이 충만한 성전이 되지 못하면 예수님 당시의 헤롯성전이 될 수 있습니다. 지금은 우리의 몸이 성전입니다. 우리가 말씀을 중심으로 산다면, 이것이 진정한 성전의 의미입니다.

3 영원한 다윗의 언약

● 성전 건축에 대한 하나님의 말씀은 무엇입니까?

—삼하7:1-7

____

____

● 나단을 통해 다윗에게 주신 하나님의 언약 축복을 정리해 보십시오.

—삼하7:8-16

____

____

1) 다윗은 아들을 갖게 된다.
2) 솔로몬은 성전을 세울 것이다.
3) 솔로몬은 죄를 짓지만 왕위는 빼앗기지 않는다.
4) 다윗의 집과 나라와 왕위는 영원하다.

Tip 다윗이 얼마나 하나님을 사랑하는지, 그 마음을 하나님은 아셨습니다. 그리고 다윗에게 영원한 약속을 해 주셨습니다. 네 집과 네 나라가 영원히 온전해지는 축복입니다. 다윗이 하나님을 위해서 집을 짓고자 했지만, 사실은 하나님이 다윗을 위해서 영원한 집을 지으셨습니다. 하나님은 다윗의 이름을 위대하게 만드셨습니다. 다윗의 후손에서 예수님이 태어나셨습니다. 다윗은 큰 축복을 받았습니다. 하나님이 영원히 함께해 주신다는 것은 복 중의 복입니다. 오늘도 주님의 제자의 길을 가는 사람은 다윗의 후손이며, 하나님이 영원히 함께하는 복을 주셨습니다(마28:19-20).

말씀과 삶

1. 나는 하나님의 말씀을 얼마나 사모하고 있으며, 그것이 내 삶의 중심임을 고백하고 있습니까?

____

____

2. 나는 다윗의 언약의 복을 받은 사람으로서 자부심을 가지고 살아가고 있습니까?
나의 주인은 누구입니까? 주님이십니까? 아니면 나 자신입니까?
나도 하나님의 마음에 합한 다윗처럼 축복을 받기 위해 무엇을 해야 합니까?

____

____

04

밧세바와 다윗

중심인물 : 다윗, 밧세바, 나단, 압살롬

하나님으로부터 영원한 언약을 받았음에도 다윗은 인간적인 연약함으로 왕의 후반부에는 고통의 나날을 보냅니다. 이것은 아직도 벗겨지지 않은 죄악의 모습을 씻어내는 과정이었습니다. 본질적으로 악한 인간의 죄악성을 그대로 보여 주는 장면입니다. 그럼에도 하나님의 언약은 취소되지 않고 계속되면서, 다윗은 그 복을 받게 됩니다.

다윗을 다윗 되게 한 것은 행위가 아닌 하나님의 변하지 않는 약속이었습니다.

인간 다윗

● 하나님의 사랑을 많이 받은 다윗이었지만 그도 인간적인 잘못을 범했습니다. 범죄의 과정을 말해 보십시오.

1) 게으름과 나태함

—삼하11:1-2

2) 눈으로 죄를 범함

—삼하11:2

3) 마음으로 죄를 범함

—삼하11:3

4) 행동으로 죄를 범함

—간음

삼하11:4

—살인

삼하11:14-17

● 다른 사람을 죄에 동참시킴

—삼하11:16-17, 21

Tip 근신하여 깨어 있지 못하면 누구든지 죄의 노예가 될 수 있습니다. 죄는 언제나 한가할 때, 성공할 때, 이제는 되었다고 생각하는 순간에 찾아옵니다. 사단은 우리의 허점을 누구보다도 잘 알고 있습니다. "누구든지 선줄로 생각하면 넘어질까 조심하라"는 말씀은 우리에게 좋은 교훈을 줍니다. 우리의 위험은 어려울 때가 아니고 편안할 때입니다. 실패했을 때가 아니고 성공했을 때가 위험한 순간입니다. 그리스도인은 죄에 대해서는 한순간도 방심하면 안 됩니다.

2 회개하는 다윗

● 하나님이 보실 때 밧세바의 범죄 행위는 어떠했습니까?

—삼하11:27

● 다윗은 자기의 잘못을 어떻게 뉘우치며 회개했습니까?

1) 나단의 책망

—삼하12:1-9

2) 다윗에게 임한 징계

—삼하12:11-12, 14

3) 다윗의 회개

—삼하12:13

Tip 다윗은 하나님을 잘 섬기는 훌륭한 왕이었고 용감한 용사였습니다. 그럼에도 불구하고 그는 간음과 살인죄를 저지르는 흉악범이었습니다. 다른 사람도 아닌 국헌을 준수해야 할, 그리고 백성의 모범이 되어야 할 왕이 그런 죄를 범했다는 것은 당장 폐위감이었습니다. 더 이상 왕으로서 직무를 수행하기 어려운 그가 그대로 왕의 자리에서 통치를 할 수 있었던 이유는 무엇일까요? 그것은 즉시 자신의 죄를 회개하고 통회함을 하나님이 받으시고 용서하셨기 때문입니다. 인간의 위대함은 자기의 의를 얼마나 행했느냐 보다는 자기의 죄인 된 모습을 얼마나 진실하게 회개하고 돌아서느냐에 있습니다. 진정한 위대함은 하나님께 얼마나 굴복하느냐에 달려 있습니다. 인간은 자기의 행위로는 의롭다 하심을 누구도 받을 수 없습니다. 오직 하나님의 은혜만 필요합니다.

● 죄를 범한 다윗은 즉시 하나님께 회개하였습니다. 그가 행한 회개 기도문을 직접 찾아서 읽고 느낀 바를 말해 보십시오.

—시51편

---

3 다윗의 징계와 회복

● 다윗의 죄에 대한 하나님의 징계는 실제적으로 어떻게 나타났는지 말해 보십시오.

자기 가정에서

1) 아들의 죽음

—삼하12:18

---

2) 근친상간

—삼하13:1-2, 14

3) 형제간의 살인

—삼하13:30

왕국에서

1) 압살롬이 반역하고 다윗이 피신함

—삼하15:10, 13-15

2) 압살롬이 죽음

—삼하18:14-15

● 다윗의 마지막 말은 무엇입니까?

—삼하23:1

Tip 다윗은 회개를 했지만 죄에 대한 징계는 받게 됩니다. 그것은 앞으로 더 이상 죄를 짓지 않게 하기 위한 하나님의 선한 방비책입니다. 죄는 용서를 받아도 죄로 인한 고난의 대가는 피하지 못합니다. 이것은 우리가 죄를 짓지 말아야 하는 이유입니다. 가능한 한 죄를 멀리하고, 불가피하게 죄를 지을 경우에는 즉시 회개하는 용기의 자세가 필요합니다. 물론 이런 하나님의 징계는 우리를 파멸하게 하기 위한 것이라기보다는 우리를 연단하고 더 이상 죄를 짓지 않게 하기 위한 훈련으로서의 징계입니다. 우리가 하나님의 징계를 받으면서 더욱 겸손하고 순수해지는 계기가 된다면 이런 고난은 유익할 것입니다. 다윗은 이런 아픔 속에서 많은 찬송시를 남겨 후대에 감동을 주고 있습니다.

말씀과 삶

1. 나에게 스스로 교만에 빠져 죄악 가운데 있는 부분이 없는지 정직하게 살펴보십시오.

2. 죄를 범했을 때 우리는 어떤 자세로 나아가야 합니까? 왜 사람들은 죄를 깨달으면서도 진정한 회개(행동까지 이어지는)가 어려운 것입니까?

05

솔로몬의 영광과 패망

중심인물 : 솔로몬, 다윗

이제 나이가 70세인 다윗은 너무 일찍 늙어버렸습니다. 이런 와중에 다윗의 맏아들 아도니야가 그의 아버지 왕좌를 엿보다가 선지자 나단에 의해 평정되었습니다. 다윗은 솔로몬이 가장 적합한 왕의 계승자임을 알았고, 결국 19세인 솔로몬이 다윗의 계승자로 인정을 받아 왕의 준비를 하게 됩니다. 다윗의 언약 계승자로 솔로몬은 제3대 왕이 됩니다.

1 왕이 된 솔로몬

● 솔로몬이 왕위에 오른 과정을 말해 보십시오.

1) 지명

—왕상1:28-30

2) 다윗의 마지막 권면

—왕상2:1-4

3) 솔로몬이 왕위에 오를 때 나라 모습

—왕상2:12

4) 백성들과의 관계

—왕상1:39-40

5) 솔로몬이 왕위에 올라서 처음 기도한 것

—왕상3:4-14

● 솔로몬에게 부여된 하나님의 중요한 사명은 무엇입니까?

—대상22:6-16

Tip 솔로몬은 하나님을 경외하고 총명한 지혜를 갖춘 아주 훌륭한 왕이었습니다. 그의 생애는 다윗의 든든한 기반으로 찬란한 왕좌를 누렸습니다. 6만마일 평방이나 되는 엄청난 영토는 아버지 다윗 때보다 열 배나 더 넓은 것이었습니다. 선악을 분별하는 지혜를 하나님으로부터 받음으로 위대한 사업인 성전 건축을 마무리하였습니다. 그 성전들은 화려한 금으로 가득 찬 모습이었습니다. 그것은 하나님이 모든 것의 제일이라는 신앙 고백의 상징이었습니다. 하나님의 마음에 합한 사람에게 주시는 놀라운 축복을 보여 주는 좋은 예입니다. 일천 번제를 드림으로 왕위를 시작한 그는 하나님 중심의 삶이었습니다. 우리는 하나님 중심으로 살아갑니까? 그것을 나의 생애에서 얼마나 중요하게 생각합니까?

2 언약을 체결하고 영광을 얻는 솔로몬

● 성전을 건축하고 나서 솔로몬은 하나님과 언약을 체결합니다. 그것은 무슨 언약입니까?

—왕상9:1-9

성전을 건축하게 한 것은 하나님이 이곳에 마음을 두고 하나님의 이름을 드러내기 위함입니다. 성전을 통해서 하나님의 언약을 따르고 순종하게 하기 위함입니다. 이제 솔로몬은 다윗과 같은 마음을 가지고 하나님의 언약에 충실하고 말씀을 지키면서 살아가야 합니다. 그렇게 하면 이스라엘 왕위는 영원히 견고하게 될 것입니다. 그러나 다른 신들을 섬기고 경배하면 성전은 오히려 비웃음거리가 될 것입니다. 앞으로 이스라엘의 성패가 여기에 달려 있습니다.

- 솔로몬의 영광스러운 통치의 모습을 말해 보십시오.

—왕상10:14-29

솔로몬의 영광은 세상 사람들이 누린 어떤 것보다 크고 화려했습니다. 이 모든 것은 하나님이 복을 주셔서 된 것입니다. 솔로몬왕의 재산과 지혜는 세상 어느 왕의 것보다 크고 위대했습니다(왕상10:23). 그가 남긴 잠언만 해도 3000편이며, 지은 노래도 1005편이나 됩니다. 그의 지혜를 보려고 이방 나라에서 시바의 여왕이 찾아오기도 했습니다. 천재로서 손색이 없는 솔로몬이었습니다. 솔로몬은 지금 우리가 가지고 싶은 것을 모두 가진 대표적인 인물입니다.

3 죄를 범하는 솔로몬

- 솔로몬은 놀라운 영광을 누린 후에 점점 마음이 교만해져 타락하게 되었습니다. 하나님이 보시기에 좋지 않은 모습들을 말해 보십시오.

1) 하나님 앞에서의 모습

—왕상11:4

2) 재물과 말을 많이 가짐으로 마음이 자만해짐

—왕상10:18-29

3) 아내를 많이 두며 우상숭배로 마음이 미혹당함

—왕하11:1-8

● 솔로몬의 이런 모습들은 하나님의 말씀에 기록된 왕의 자격과 어떤 면에서 일치하지 못합니까?

—신18:14-20

4 하나님의 징계

● 죄를 범한 솔로몬에게 주어진 하나님의 징계는 무엇입니까?

—왕상11:9-13

Tip 솔로몬은 통치 후반부를 부패와 타락으로 장식했습니다. 그 결과 나라의 분열을 가져왔고, 이스라엘은 불행이 시작되었습니다. 솔로몬이 이렇게 부패와 타락에 빠진 것은 너무 물질적인 풍요와 편안한 생활로 하나님을 경시한 데서 나타난 결과입니다. 하나님을 의지하기보다는 말을 많이 둠으로 군대에 더 의지했고, 하나님을 사랑하기보다는 여인들을 많이 둠으로 그들을 더 사랑했기 때문입니다. 심지어 그 여자들 속에는 하나님이 금한 이방인들까지 들어 있었고, 그들이 가져온 우상들로 인하여 하나님보다는 우상숭배가 성행했습니다. 아무리 부와 권력이 대단해도 그것에 노예가 되면 결국 타락하고 맙니다. 또 아무리 지혜가 대단해도 하나님으로부터 온 은혜라고 믿기보다는 스스로 지혜롭다고 여기는 순간 우리는 어리석은 모습으로 변하게 됩니다. 이것은 오늘날 우리의 가정이나 국가나 사회에 그대로 적용되는 중요한 교훈입니다. 우리도 하나님을 잊어버리게 하는 여러 가지 교만적인 요소를 과감히 제거하지 못하면 결국은 멸망하고 맙니다.

5 솔로몬의 저작들

● 솔로몬이 남긴 대표적인 세 권의 책은 어떤 내용을 담고 있습니까?

1) 아가

—아1:1, 15

2) 잠언

—잠1:7

3) 전도서

—전11:8, 13

Tip 솔로몬은 자기의 인생에서 하나님을 사랑하고 경외하는 것이 제일임을 시가서(아가, 전도서, 잠언 등)를 통해 고백했습니다. 인생의 실패를 통해서 진정으로 중요한 것이 무엇인지를 깨닫고, 진정한 삶이 무엇인지를 시가서에 담아 표현했습니다. 세상의 부귀영화를 모두 가져도 그것은 잠시 동안 바람을 잡는 것과 같은 헛된 일입니다. 그것에 시간과 열정을 바치기보다 하나님의 말씀을 듣고 실천하는 일에 자기의 모두를 바치는 것이 지혜로운 삶의 방법입니다.

말씀과 삶

1. 나는 하나님의 지혜를 우선적으로 선택하며 살고 있습니까? 예배와 기도, 그리고 성전중심의 생활을 얼마나 우선시하며 살고 있습니까?

2. 현재 나에게 하나님을 (예배, 기도, 말씀, 봉사, 전도) 소홀히 하게 하는 생활의 악한 요소들을 찾아 회개하고, 그것이 잘 제거되지 않는 이유를 말해 보십시오.

■ 한눈으로 보는 분열왕국시대

(열왕기상 11장 ~ 열왕기하, 선지서)

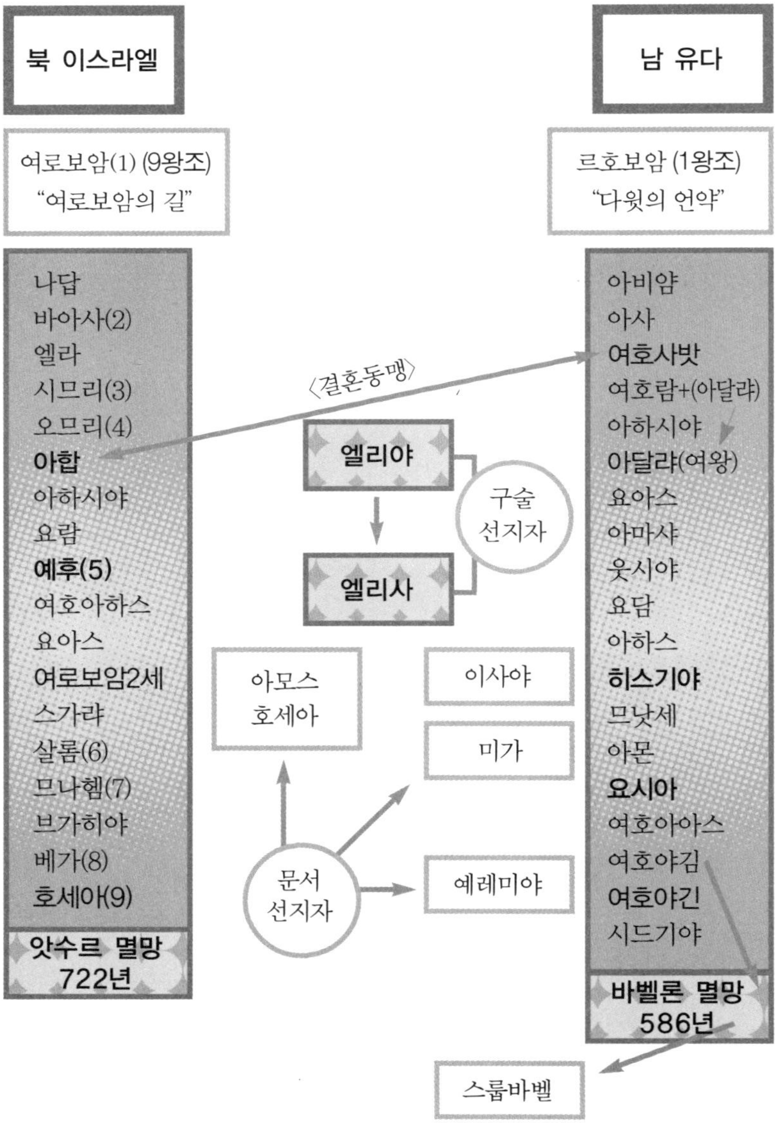

06

분열된 왕국

중심인물 : 르호보암, 여로보암

사울, 다윗, 솔로몬은 각각 40여년의 통치 기간을 통해서 이스라엘을 완전히 통일하였습니다. 이때가 이스라엘의 가장 번성기입니다. 그러나 솔로몬이 후반부에 저지른 잘못된 정치로 인하여 백성들의 불만은 고조되었습니다. 솔로몬은 자기가 누릴 부귀와 권세를 위하 백성들로 하여금 과중한 세금을 부담케 했고, 사치와 부도덕과 우상숭배로 나라를 부패시켰습니다. 결국은 나라가 분열되었습니다.

1 남과 북으로 분열하는 이스라엘

● 이스라엘은 어떻게 분열되었는지 그 과정을 정리해 보십시오.

—왕상11:43, 12:6-20

Tip 솔로몬의 잘못된 정치로 인해 백성들의 불만과 각 지파 간에 시기심이 일어났습니다. 그것은 곧 나라를 분열시키는 이유가 되었습니다. 오랫동안 가슴에 남아 있던 북방 왕국과 남방 왕국의 상호 대립 감정은 이것을 계기로 불거져 나와, 결국 나라가 두 개로 분열되고 말았습니다.

● 남쪽 르호보암과 북쪽 여로보암이 하나님 앞에 행한 일을 간단히 말해 보십시오.

1) 남쪽 르호보암

—왕상14:21-24

2) 북쪽 여로보암

—왕상12:25-33, 13:33-34

Tip 이스라엘은 자신들의 죄로 인하여 나라가 분리됩니다. 그때부터 약 400여년 동안 분열 상태를 맞게 됩니다. 이스라엘은 계속되는 죄를 회개하지 못함으로 결국 다른 나라의 포로가 되고 맙니다. 분열왕국 기간에 다윗의 한 왕조로 이루어진 남쪽 왕국은 왕이 20명이었고 평균 통치 기간이 17년이었습니다. 이 중 여호사밧, 요시아, 히스기야를 포함한 몇 사람의 왕 이외는 다 악한 왕들이었습니다. 반면에 아홉 왕조로 이루어진 북쪽 왕국은 왕이 19명이었고 평균 통치 기간은 11년이었습니다. 북쪽 왕국의 왕들은 모두 악한 왕이었습니다.

2 분열왕국의 왕들에 대한 하나님의 평가

- 성경은 분열왕국의 왕들의 사적에 대해 어떤 평가를 내렸습니까? 공통적인 성경의 말씀을 찾아 말해 보십시오.

—왕하14:23-24, 15:8-9, 23-24, 28, 17:1-2

Tip 400여년이란 상당히 긴 기간 지속됐던 이스라엘의 분열왕국 역사는 39명의 왕들이 통치했음에도 불구하고 기억될 만한 일이 히스기야와 요시아왕 등 몇 사람 이외는 거의 없습니다. 하나님이 보시기에 모두가 악한 일을 행하고 하나님보다는 우상을 더 숭배하며, 서로 죽이고 싸우는 암투로 역사가 진행되었습니다. 성경은 그들의 치적 또한 아주 간단하게 기록하는데, 태어나서 몇 년 동안 살다가 언제 죽었다는 등의 역사로 그들의 삶을 평가하고 있습니다. 하나님이 기억하지 않는 삶은 아무리 대단한 부귀와 영화를 누리고 오랫동안 세상에 있었다 해도 허무한 삶입니다. 인간이 보기에 좋은 삶이 아닌, 하나님이 보시기에 기억되는 선한 삶을 사는 것이 중요합니다. 지금 우리의 삶은 하나님이 기억하시는, 하나님 앞에서의 삶인지 생각해 보아야 합니다.

- 남쪽의 선한 왕으로 대표적인 두 사람에 대한 하나님의 평가는 무엇입니까?

1) 히스기야

—왕하18:3-6

2) 요시야

—왕하23:24-25

Tip 요시야와 같은 왕은 마음과 뜻과 정성을 다하여 하나님만 섬겼던 왕입니다. 모세의 율법을 따라 하나님께로 마음을 돌이킨 왕은 요시야입니다. 이것은 성경의 평가로 하나님도 인정한 삶이었습니다. 특히 히스기야와 요시야는 말씀을 통한 개혁을 촉구했지만 이스라엘은 그 정신을 계속 이어가지 못함으로 멸망에 이르고 말았습니다. 하나님의 뜻에 순종하는 사람을 만난다는 것이 결코 쉬운 일이 아닙니다.

3 남북 멸망

- 분열된 남쪽과 북쪽은 결국 각각 누구에게, 어떻게 멸망당했습니까?

1) 남 유다

—왕하25:1-7

2) 북 이스라엘

—왕하17:1-6

Tip 분열왕국의 역사는 인간의 악한 모습의 실상을 아주 잘 표현하고 있습니다. 이스라엘은 계속하여 악한 모습을 반복하고 그것에서 좀처럼 헤어나지 못했습니다. 선조들의 좋은 모습보다는 악한 모습을 본받는 이스라엘의 죄악 된 현상은 오늘날 우리에게도 중요한 경고가 됩니다. 하나님의 말씀을 경홀히 할 때 우리는 자연히 세상을 본받게 되고 그것에 익숙해지게 됩니다. 특히 인간 스스로 만든 종교를 경계하면서 그런 유혹에 빠지지 않아야 합니다. 하나님의 선택받은 백성이라 할지라도 회개하지 않고 계속하여 하나님을 떠나 악을 행할 때는 하나님의 무서운 징계가 주어집니다. 혹시 우리는 하나님의 징계에 대해서 무조건적인 은혜를 빌미로 죄를 소홀히 생각하는 건 아닌지 살펴보아야 합니다.

말씀과 삶

1. 오래 사느냐 아니면 부유하고 건강하게 사느냐 보다도 하나님이 기억하는 삶이냐가 중요합니다. 현재 내가 하는 이 일이 과연 하나님이 기억할 가치 있는 일인지 점검해 보십시오.

2. 사람은 좋은 모습보다는 악한 모습에 쉽게 익숙해지고 본받기도 쉽습니다. 여전히 남아 있는 세상적인 죄악을 찾아보십시오. 아울러 현재 나는 하나님의 공의와 사랑으로 균형 잡힌 생활을 얼마나 하고 있습니까?

갈멜산에 있는
엘리야 동상

SURREXIT

07

선지자의 사역

중심인물 : 엘리야, 엘리사, 그 외 선지자

400여년 동안 39명의 왕들이 분열왕국을 통치했으나 거의가 하나님을 저버리는 악한 일을 자행하였습니다. 한 사람 왕의 현명치 못한 모습 때문에 백성들까지 죄악에 쉽게 빠지는 결과를 가져왔습니다. 그때마다 죄로 인한 하나님의 심판이 늘 예고되었고 이런 하나님의 외침을 수행한 사람들이 선지자들이었습니다. 악한 일에 무감각한 그들에게 외치는 선지자들의 외침은 실로 날카로웠으나 사람들의 마음은 좀처럼 돌아서지 못했고, 선지자들은 자연히 고난을 당했습니다. 이런 의미에서 선지자들의 끝없는 회개의 외침은 이스라엘 백성을 사랑하시는 하나님의 뜨거운 사랑의 표현입니다.

1 구술 선지자

● 열왕기상하에 많은 분량을 차지하는 두 명의 선지자가 있습니다. 엘리야(왕상17-20장)와 엘리사(왕하1-8장)입니다. 이들은 문서로 남기기보다는 직접 입으로 전하는 사역을 했습니다. 이들은 어떤 일들을 했는지 말해 보십시오.

엘리야 (여러 뛰어난 선지자 중에 하나)

1) 아합왕과 바알 선지자들과 대결

—왕상17:1, 18:46

____

____

2) 까마귀로 엘리야를 먹임

—왕상17:2-7

____

____

3) 사르밧 과부를 도와줌

—왕상17:8-15

____

____

4) 북쪽 아하시야왕 죽음 예언

—왕하1:1-4

5) 불을 내려 군사들을 죽임

—왕하1:9-12

6) 불수레를 타고 승천

—왕하2:11

Tip 엘리야 선지자는 하나님을 대신하는 입이었습니다. 당시 바알의 우상숭배에 빠져 있던 아합왕에게 엘리야는 분명 걸림돌이었습니다. 그런 이유로 엘리야를 죽이려 했고 엘리야는 많은 고난을 당했습니다. 그러나 하나님의 사람 엘리야는 자기에게 주어진 사명을 잘 감당하며 위기에 처한 나라를 구하려고 애를 썼습니다. 그러나 결국 나라는 패망하고 말았습니다.

엘리사 (엘리야의 후계자로 특별히 많은 기적을 행합니다.)

1) 요단강 물 가름

—왕하2:14

2) 여리고 물을 맑게 함

—왕하2:19-22

3) 조롱하는 불량배 심판

—왕하2:23-24

4) 빈 개천에 물을 채움

—왕하3:16-17

5) 빈 그릇에 기름을 채움

—왕하4:1-7

6) 죽은 소년을 살림

—왕하4:18-21

7) 독한 국을 해독

—왕하4:38-41

8) 보리떡 20개와 채소 한 자루로 100명을 먹임

—왕하4:42-44

9) 나아만 나병 치료

—왕하5:1-14

10) 아람의 전쟁 폭로

—왕하6:8-12

11) 아람 군대의 눈을 멀게 함

—왕하6:18-23

12) 죽은 후에도 죽은 사람을 살림

—왕하13:20-21

Tip 하나님의 일을 하는 사람에게는 하나님의 권세를 모두 주었습니다. 불가능하게 보이는 일일지라도 하나님의 능력을 믿으면 모든 것을 할 수 있는 힘이 우리에게 생깁니다. 이것은 하나님의 사람에게 주어진 특권입니다. 귀신을 쫓아내고 병을 고치는 표적의 능력이 예수를 믿는 사람에게도 일어납니다. 이런 능력은 자기 자신을 위해서 사용할 때는 나타나지 않습니다. 오직 하나님의 나라와 영광을 위해 사용할 때 하나님은 선지자들처럼 우리를 도구로 사용하십니다.

2 문서 선지자

- 문서 선지자는 문서를 통하여 인간의 죄와 하나님의 심판과 사랑을 전하는 사람들입니다. 이들은 어떤 내용을 선포했습니까?

1) 요엘

—욜2:28-32

2) 이사야

—사53:1-6, 55:1-3, 58:6-9

3) 미가

—미6:6-8, 5:2

4) 예레미야

—렘4:1-4, 31:31-34

5)요나

—욘4:2-5, 11

6) 아모스

—암5:18-20, 24

7) 호세아

—호6:1-6

8) 하박국

—합2:4

Tip 하나님은 시대를 움직이고 죄악을 심판하고 구원하실 때 언제나 하나님의 선지자들을 그때그때마다 사용하셨습니다. 사사시대에는 사사를 왕정시대에는 왕과 선지자들을 사용하셨습니다. 그들은 하나님의 입이 되어서 하나님의 일을 선포하고 회개를 촉구했습니다. 하나님의 일을 전해야 하는 선지자들은 언제나 하나님의 음성을 전해야 하기에 용기를 주기도 하지만 때로는 사람이 싫어하는 말을 할 때도 있었습니다. 그렇기에 그것에 따른 고난과 핍박도 많았습니다. 하나님께로 돌아 오면 그가 용서해 주신다는 일관된 메시지가 선지자들에게 나타납니다. 세상에 대해 우리들은 모두 하나님으로부터 이런 선지자의 사명을 부여받았습니다. "회개하라 천국이 가까왔다"고 거리낌 없이 어디든지 전해야 합니다.

말씀과 삶

1. 나는 이 세상에서 악한 일을 자행하는 사람들에 대해서 과감하게 선지자의 역할을 감당하고 있습니까? 이런 사명을 감당하기 위해 나는 무엇을 준비해야 합니까?

2. 그리스도인은 기적의 하나님을 믿고 복음의 현장에 나가야 합니다. 내가 가야 할 그런 현장을 찾아보십시오.

■ 한눈으로 보는 포로시대

(예레미야, 다니엘, 에스겔)

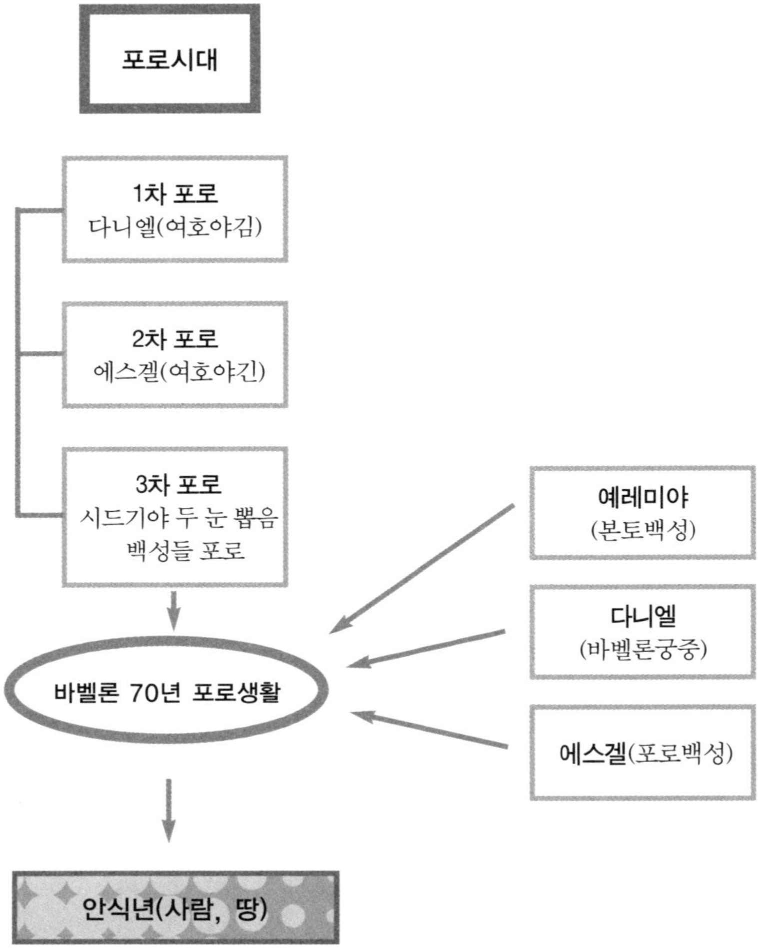

08

포로 70년

중심인물 : 다니엘, 에스겔

남 유다의 이스라엘 백성들은 바벨론 포로생활을 하는 비운을 갖이 했습니다. 그러나 그들의 생활은 생각보다 그렇게 힘든 것이 아니었습니다. 학대를 당하거나 하는 심한 고통은 없었지만 그들은 하나님이 일찍이 주신 약속의 땅을 생각하며 그 땅이 회복되기를 고대하였습니다. 지금은 비록 바벨론의 포로생활을 하고 있지만, 70년 후에는 다시 고향으로 돌아 간다는 하나님의 약속을 믿고 기다리는 것이었습니다.

3차에 걸친 바벨론 포로

● 바벨론 포로로 잡혀간 남 유다 백성들은 세 차례에 걸쳐서 바벨론에 잡혀갔습니다. 그 과정을 설명해 보십시오.

1차 / 다니엘과 귀족 출신의 몇몇 사람들 (B.C 605년)

—단1:3-4

2차 / 왕 여호야긴과 에스겔 등 많은 사람들 (B.C 597년)

—왕하24:10-16

3차 / 시드기야왕이 잡혀가고 예루살렘성벽이 무너지면서 성전과 성읍이 불타 버렸다.

—왕하25:1-7

Tip 하나님은 죄를 그대로 두지 않고 심판하십니다. 그 결과 이스라엘은 바벨론에 포로로 잡혀가 70년간 나라 없는 생활을 했습니다. 그러나 하나님은 이스라엘을 버리지 않았습니다. 하나님께서는 우리가 비록 원수들의 손아귀속에서 고통을 당한다 할지라도 그 가운데서 우리를 지켜 주십니다. 우리가 시련을 당한다 할지라도 하나님은 선택받은 사람을 고난에서 지켜 주십니다. 어려움을 당할 때 우리는 "정말 하나님은 나를 버리셨는가?"하는 의문을 자아낼 수 있습니다. 그러나 하나님은 죄 때문에 우리를 치시지만 그때라도 하나님을 향해 돌아서면 우리에게 복을 허락하시며 위험에서 건져 주십니다.

하나님을 경외하는 사람에게는 어디든지 언제든지 하나님의 보호하심이 함께함을 잊지 말아야 합니다.

2 예레미야 – 남겨둔 고국의 사람들

- 예레미야를 통해 주신 미래의 이스라엘을 향한 희망의 메시지는 무엇입니까?

— 렘25:11-12

- 예레미야가 포로 중에 있는 이스라엘 백성들에게 보낸 메시지는 무엇입니까?

— 렘29:1-14

Tip 예레미야는 일명 눈물의 선지자라고 말합니다. 패망한 본토 이스라엘을 끝까지 지키면서 민족들과 함께 죽어갔습니다. 본토에 남겨둔 사람들은 힘없는 사람들이었습니다. 그는 황폐한 이스라엘에 남아 희망을 선포하면서 하나님의 뜻을 전한 사람이었습니다.

그리고 포로로 잡혀간 사람들에게도 희망을 선포하면서 그날을 기다리라고 말합니다. 회복되는 그날을 바라보면서 하나님을 끝까지 의지하며 살라고 부탁합니다.

3 다니엘과 세 친구 - 바벨론 왕궁에서

● 예루살렘이 처음 포위되었을 때 1차 포로로 잡혀간 소년이 있었습니다. 그는 다니엘이었는데 비록 포로생활이지만 신앙을 타협하지 않고 끝까지 하나님의 신의를 저버리지 않았습니다. 다니엘과 그 세 친구의 위대한 신앙을 살펴보십시오.

1) 다니엘의 신앙 절개

—단1:8-20

____

____

2) 다니엘의 세 친구 신앙

—단3:13-23

____

____

3) 다니엘의 변치 않는 믿음

—단6:10, 16-23

____

____

Tip 다니엘과 세 친구들은 바벨론에 잡혀 와 좋은 대접을 받으며 왕궁에서 지냈습니다. 그들에게 바벨론 문화를 습득하게 해 점차 바벨론화 하려고 한 것입니다. 그러나 다니엘과 세 친구들은 그것에 타협하지 않고 자기의 신앙을 지켜 나갔으며, 죽음을 두려워하지 않고 하나님을 아름답게 섬겼습니다. 현재 나의 신앙은 어떤 신앙입니까? 다니엘과 세 친구들의 이야기는 어려운 사회생활 속에서 쉽게 타협하고 작은 손해와 어려움에도 두려워하며 하나님을 저버리는 우리들과 비교할 대 큰 도전을 줍니다. 작은 어려움에도 쉽게 무너지는 신앙을 벗어나 하나님만 믿고 신앙을 지키는 모습을 가질 수 없을까요?

4 에스겔 – 포로생활 중에 있는 백성들

● 에스겔이 포로생활 중에 찾아온 이스라엘 장로들에게 선포한 말씀은 무엇입니까?

—겔14:1-5

● 에스겔의 중심 메시지는 무엇입니까?

1) 마른 뼈가 다시 소생한다

—겔37:4-6

2) 남과 북이 하나가 된다

—겔37:15-17

3) 하나님의 영광이 나타난다

—겔39:21-22

Tip 에스겔은 포로생활 중에 있는 백성들과 함께하면서 그들의 지도자역할을 했습니다. 하나님이 주신 미래의 환상을 통하여 이스라엘을 격려하고 위로하면서 포로생활을 잘 감당하도록 도왔습니다. 민족과 함께 고난을 당하면서 하나님의 사명을 감당하는 에스겔은 하나님의 영광을 강조하면서 하나님의 공의와 사랑을 전했습니다. 파괴된 성전에 비교하여 미래에 나타날 성전의 영광을 선포하는 내용은 에스겔서의 특징입니다.

말씀과 삶

1. 바벨론 포로생활과 같은 인생의 어려움 속에서도 가져야 할 나의 신앙고백은 무엇입니까?

2. 나는 세상과 쉽게 타협하는 신앙입니까, 아니면 적극적으로 하나님을 끝까지 신뢰하며 세상을 변화시키는 신앙입니까?

3. 다니엘과 그의 세 친구들과 같은 신앙을 소유하기 위하여 나에게 가장 필요한 것은 무엇입니까?

■ 한눈으로 보는 포로귀환시대

(에스라, 느헤미야, 에스더, 스가랴, 말라기)

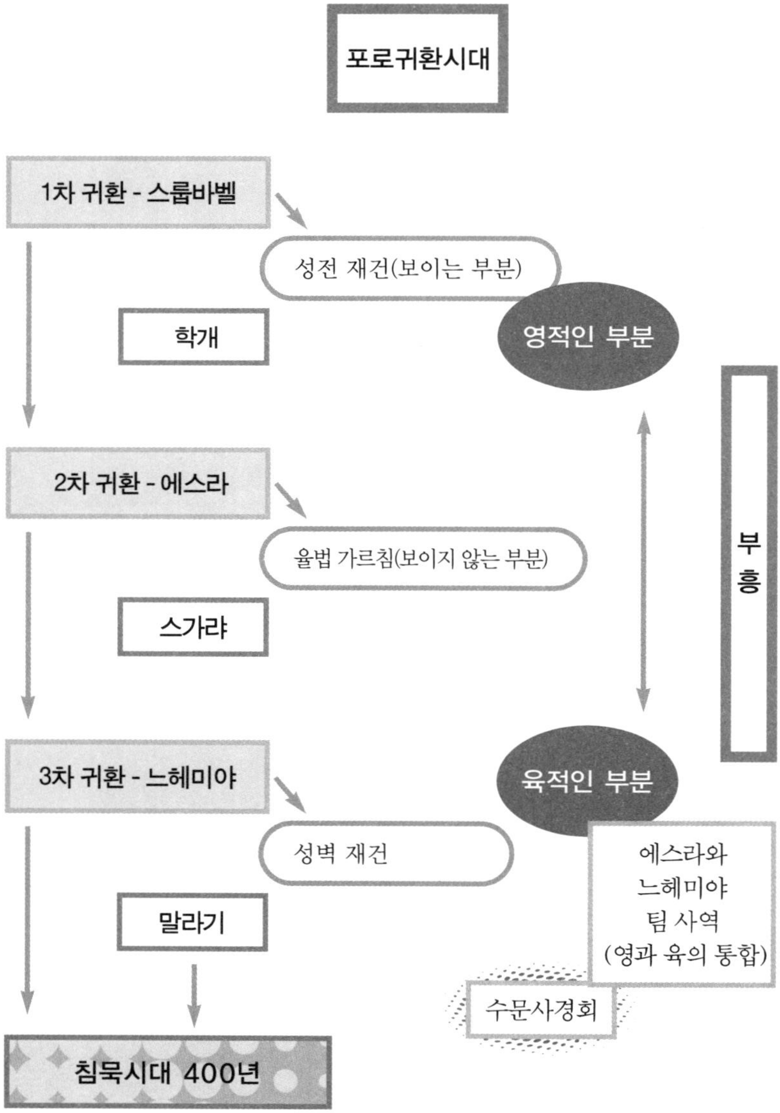

09

포로 귀환

중심인물 : 다니엘, 고레스, 에스라

포로였던 이스라엘 백성들은 결국 하나님의 예언대로 70년의 기간이 지나자 고국으로 귀환하게 되는 은혜를 입습니다. 생각하면 긴 기간입니다. 70년의 기간은 한 세대가 교체되는 기간이기도 합니다. 한 번도 가보지 못한 고국의 땅, 말로만 들었던 약속의 땅에 다시 가 본다는 것은 이들에게 설레는 일이었을 것입니다. 그렇다고 모두가 고국에 돌아 간 것은 아닙니다. 돌아 간 백성들은 늘 고국을 사모했던, 또 약속을 신뢰했던 42,360명의 소수였습니다.

예언의 성취

● 다니엘은 이미 선지자 예레미아에게 임하신 하나님의 예언의 말씀을 깨달았는데, 그것은 무엇입니까? 그리고 다니엘은 금식하고 기도하면서 어떤 환상을 보았습니까?

1) 예레미야의 예언의 말씀

—렘25:11-12

____

____

2) 예언의 말씀 확인

—단9:2

____

____

3) 자신이 환상으로 봄

—단9:24-27

____

____

Tip 하나님은 한 번 하신 말씀은 분명히 지키시는 신실한 분이십니다. 성경의 역사는 말씀의 예언과 성취의 관계에서 이루어지는 역사입니다. 하나님이 약속하신 말씀은 언제나 하나님의 정한 때에 분명히 이루어집니다. 중요한 것은 우리가 그 말씀을 얼마나 믿고 신뢰하며 나아가느냐입니다. 그리스도인의 신앙은 맹목적인 것이 아닙니다. 분명한 목적을 가지고 그것을 이룰 줄로 믿고 나아가는 것이 우리가 믿는 기독교 신앙입니다. 먼저 분명한 약속의 말씀을 듣고 그것을 믿으면서 꿈을 잃지 않고 가는 것이 중요합니다. 비록 더디 이루어질지라도 분명히 이루어진다는 확신을 가지면서……

"우리가 선을 행하되 낙심하지 말지니 피곤하지 아니하면 때가 이르매 거두리라" (갈6:9)

2 고국 귀환령

● 바사의 고레스는 이스라엘 백성들에게 고국으로 돌아 가는 칙령을 내렸는데, 그 내용은 무엇입니까?

—스1:1-3

Tip B.C 539년 10월 29일에 바벨론은 고레스 대제가 이끄는 메대와 바사의 군대에 의하여 무너졌습니다. 당시 바벨론왕 벨사살은 결국 처형되었습니다. 고레스는 바벨론의 왕에 메대 사람인 다리오를 세워서 통치하게 하였는데, 이 고레스가 유대인들이 예루살렘에 귀환하여 성전을 짓도록 하였습니다. 이 일은 하나님의 영이 이방인 고레스왕에게 임하여 주도적으로 이루셨습니다.

● 고레스왕은 이스라엘 백성들이 돌아 갈 때 어떤 배려를 해 주었습니까?

—스1:4-11

Tip 말만 듣고 한번도 본적이 없는 것을 실제로 본다는 것은 아주 대단한 일입니다. 그 감격은 실로 놀라운 것입니다. 70년 동안 바벨론 생활에 익숙해진 이스라엘 백성들이 앞으로 펼쳐질 새로운 세계를 바라보며 상상하는 모습은 어떠했겠습니까? 직접 그 땅을 밟아 보는 기분은 대단했을 것입니다. 오늘 우리들에게 펼쳐질, 한번도 가보지 않은 천국의 세상은 어떻겠습니까? 우리에게는 돌아 갈 세상이 있습니다. 우리의 매일 매일은 돌아 갈 새 예루살렘 천국의 소망을 바라보며 살아가는 심정이 되어야 합니다.

말씀과 삶

1. 현재의 무너진 나의 생활을 새롭게 회복할 하나님의 때는 언제라고 생각합니까?

2. 나는 돌아 갈 천국을 바라보면서 어떤 자세로 살아가고 있습니까?

페르사
다리우스 1세

10

새로운 부흥

중심인물 : 스룹바벨, 느헤미아, 에스라

유대의 남은 자들이 예루살렘으로 돌아 오는 것은 3차에 걸쳐서 진행됩니다. 536년에 스룹바벨의 인도로(성전 건축을 위해서), 455년에 에스라의 인도로(백성의 영적 부흥을 위해), 445년에 느헤미아의 인도로(예루살렘 성벽을 쌓기 위해) 돌아 오게 됩니다. 세 번의 심판에 이어 세 번의 귀환으로 이어졌습니다. 이스라엘 백성들이 귀환하면서 시작한 일은 그동안 파괴되었던 도시와 성전을 다시 건설하는 일입니다. 우리는 이것을 부흥이라고 말합니다. 부흥에는 세 가지 요소가 균형 있게 들어 있어야 합니다.

- 귀환한 사람들이 스룹바벨을 중심으로 성전 건축하는 모습은 어떠했습니까?

—스3:8-13

- 성전을 봉헌하고 나서 이스라엘은 그동안 지키지 못한 절기를 지켰는데, 그것은 무엇입니까?

—스6:19-22

Tip 성전을 짓는 것에 대하여 중상모략으로 주위의 반대가 있었지만, 다시 재건하여 결국 B,C 516년 2월 18일에 성전을 완공합니다.

- 성전 건축을 중단했던 이스라엘 백성에게 성전 재건을 촉구한 사람이 학개입니다. 학개 선지자는 어떤 메시지를 전했습니까?

—학1:1-11

Tip 성전회복 - 성전을 가장 먼저 건축하는 것은 모든 삶의 중심이 성전이라는 의미입니다. 이스라엘 백성들은 포로 귀환 후에, 사람들은 아직 성전을 건축할 때가 아니라 하여 자기 집 짓는 일을 먼저 했습니다. 그러나 그것은 하나님의 축복을 저버리는 행위였습니다. 결국 그들에게는 하늘의 복이 멈추었고 아무것도 이루지 못하는 헛된 생활을 하게 되었습니다. 그러나 하나님의 전을 먼저 건축할 때, 비로소 하늘의 그쳤던 복이 임하게 되는 것을 보게 됩니다(학2:17-19). 참된 성전은 보이는 성전이 아닌 보이지 않는 성전입니다. 보이는 성전은 보이지 않는 성전을 새롭게 일깨워 주기 위한 모형입니다. 보이는 성전보다 더 중요한 것은 그리스도인의 마음에 성령이 거하시는 전을 만드는 것입니다. 성령이 거하시는 전으로 우리의 마음을 새롭게 갱신해야 합니다. 이것이 우리가 건축해야 할 새로운 성전 건축의 의미입니다.

2 말씀을 통한 영적 부흥 - 에스라 학사

● 에스라가 돌아 와서 행한 일은 무엇입니까?

—스10:1-4

Tip 말씀회복 - 타락된 사람의 마음을 새롭게 하는 비결은 오직 말씀을 통해서입니다. 죄는 말씀을 떠났을 때 일어납니다. 사람들이 악해지는 것은 하나님의 말씀을 잊어버렸기 때문입니다. 하나님의 말씀보다 인간의 말이 가득 찰 때 죄악이 득세합니다. 진정한 부흥은 말씀으로 돌아 오는 것입니다. 점차 하나님의 말씀을 거부하고 멀리하는 바쁜 현대 생활은 우리의 큰 적입니다. 어떤 경우든 하나님의 말씀을 듣지 못하게 하는 것은 우리를 넘어지게 하는 것입니다. 나는 말씀을 듣고 읽고 공부하는 생활이 얼마나 발전되고 있습니까? 우리 속에 말씀이 얼마나 풍성하게 거하는지 살펴보아야 할 것입니다.

- 당시 예루살렘의 성벽이 무너져 다른 외부의 침입에 무방비 상태였습니다. 이런 상황에서 성벽을 건축하는 것은 백성을 보호하는 중요한 일이었습니다. 그래서 느헤미야는 52일 동안 빠르게 성벽 건축을 끝냈는데, 이것을 본 대적들의 반응은 어떠했습니까?

—느6:15-16

- 느헤미야는 완성된 성벽과 성전에 에스라를 초청하여 수문사경회를 가졌는데, 그 모습은 어떠했습니까?

—느8:1-12

Tip 성벽회복 – 성벽을 건축하는 것은 성전의 외적 보호를 위해, 또 내부에 있는 사람들과 외부에 있는 사람들을 분리하기 위하여 필요했습니다. 이방인과 자유롭게 사귀어 온 그들에게 이런 조치는 아주 중요한 일입니다. 성벽을 중수하는 데 방해가 있었지만(느4:1–3) 느헤미야는 그것을 이기고 52일 만에 드디어 완공하였습니다. 그리고 느헤미야는 완성된 이곳에서 하나님의 말씀을 새기는 말씀사경회를 엽니다. 영과 몸이 함께 통합하여 전인적인 부흥이 일어날 때 온전한 사람이 됩니다. 이 일을 마친 후에, 이스라엘 백성들은 하나님의 축복을 놀랍도록 경험하게 됩니다.

말씀과 삶

1. 나는 성전(교회) 중심의 생활을 얼마나 하고 있습니까? 그리고 나의 몸은 얼마나 성전으로 지어져 가고 있습니까? 그것을 위해 노력하고 있는 부분을 찾아보십시오.

2. 나에게 무너진 영적 생활이 있다면 그것은 무엇입니까? 그것을 새롭게 재건하는 데 방해되는 장애물은 어떤 것들이 있습니까?

11

메시야 기다림

중심인물 : 이사야, 다니엘, 미가, 말라기, 스가랴

사람에게 계속적으로 나타나는 잘못은 하나님을 잊어버리는 일이었습니다. 구약의 중요한 메시지는 하나님을 기억하라는 것입니다. 천지를 만드시고 우리를 구원하신 하나님을 늘 기억하며 그를 따르고 순종하는 일입니다. 사단은 하나님을 잊어버리게 합니다. 하나님을 잊어버리고 자기에 도취되어 자기의 욕심대로 살게 하는 악한 계략에 넘어가면 안 됩니다. 우리는 다시 오시는 주님을 기다리며 악한 세상에서 하나님 중심으로 살아가야 합니다.

● 이스라엘 백성이 다시 찾은 세상은 완전한 세상이 아닙니다. 완전한 세상은 그분이 오심으로 해결됩니다. 이것은 선지자들이 반복하여 선포했던 내용입니다. 이스라엘뿐 아니라 모든 사람들이 진정으로 기다려야 할, 이 세상을 통치할 왕은 누구입니까? 다음의 내용을 찾아 정리해 보십시오.

1) 이사야 선지자

—사53:1-6

2) 미가 선지자

—미5:2

3) 스가랴 선지자

—슥9:9-10

4) 다니엘 선지자

—단9:24

5) 말라기 선지자

—말4:4-6

Tip 구약의 선지자들은 동일하게 앞으로 오실 메시아에 대하여 말하고 있습니다. 그것은 진정으로 이스라엘 백성들이 기다려야 할 왕 중의 왕이시기 때문입니다. 이스라엘 백성들이 진정 왕으로 섬겨야 할 사람은 다름 아닌 하나님이십니다. 이들은 70년 동안 파괴된 성전을 다시 건축하였지만 이전의 솔로몬 성전과 비교해 볼 때 아주 초라했습니다. 그러나 결국 그 성전도 나중에 파괴되고 맙니다. 그것은 보이지 않는 진정한 성전을 새롭게 건설하기 위한 하나님의 예고편입니다. 포로 귀환 이후에 이스라엘을 다스리는 왕은 더 이상 세워지지 않습니다. 그들은 자기들이 세운 악한 왕으로 인하여 더욱 악해졌기에 이제 그들에게 왕은 오직 하나님 한 분뿐임을 새삼 느끼게 되었습니다. 그리고 그들을 진정으로 다스릴 완전한 왕이신 예수 그리스도를 기다려야만 했습니다.

2 하나님의 나라 통치

- 세상의 모든 것을 통치하시는 분은 하나님이십니다. 우리가 바라는 것은 일시적인 이 세상이 아닌 영원한 하나님의 나라 건설입니다. 그 모습을 다음의 선지자들은 어떻게 예언하고 있습니까?

1) 스가랴

—슥14:9-11

____

____

2) 말라기

—말4:1-3

____

____

Tip 이 세상을 완전하게 통치하실 그날은 최후의 심판 때입니다. 그분이 오실 때는 모든 것이 새롭게 되고 거짓된 것이 더 이상 우리를 지배하거나 억압하지 않습니다. 우리는 이것을 하나님의 나라라고 말합니다. 여호와의 최후의 날은 죄지은 사람들에게는 인생의 마지막 날로서 공포와 두려움으로 맞는 날입니다. 그러나 하나님을 섬기면서 그 안에 거하는 자에게는 여호와의 최후의 날은 다시 시작하는 새 창조의 날이 됩니다.

3 타락과 침묵

이스라엘 백성들은 하나님에 대한 불순종으로 바벨론의 포로로 70년간 생활하고 하나님의 은혜로 다시 고국에 돌아 옵니다. 그러나 그들은 포로생활을 통해서 배운 하나님의 교훈도 잠시뿐이고, 포로 이전의 죄 된 생활을 여전히 반복하게 됩니다.

● 구약성경의 마지막 책 말라기에서 이런 모습에 대해 강하게 외치고

있는데, 구체적으로 어떤 내용들입니까?

1) 제사장들의 죄악상은?

—말1:7-8, 10, 12-14

2) 백성들의 죄악상은?

—말2:10-11, 13, 17

3) 십일조 도둑

—말3:8-9

4) 하나님의 날에 임할 심판과 그전에 오실 선지자 예언

—심판 예고

말4:1

—보낼 선지자 예언

말4:5-6

Tip 이스라엘 백성들은 많은 징계와 긴 기간의 고난을 통해서도 하나님의 교훈을 깨닫지 못하고 다시 죄 된 생활로 돌아 가게 됩니다. 이것은 이스라엘 백성들의 모습을 통해 인간의 죄 된 속성을 잘 알려 주고 있습니다. 인간의 힘으로는 도저히 본성적인 죄를 청산할 수 없음을 다시 한번 느끼게 합니다. 인간은 죄의 올무에 걸렸다가 풀려 다시 일어서면 또 그 올무에 걸려 넘어지는 연약함을 솔직히 인정하고, 빨리 하나님의 도움을 구해야 합니다. 나는 나 자신이 이길 수 없는 이런 죄의 올무를 분명하게 이해하고 있습니까? 그렇다면 지금이라도 주님에게 돌아 와 주님을 의지하면서 살아야 합니다.

말씀과 삶

1. 나는 이 시간 진정으로 소망하는 것은 무엇이며, 미래의 무엇을 기다리며 살고 있습니까?

2. 그리스도를 바라보는 소망의 삶이 현재 나에게 주는 유익은 무엇입니까?

순종의 사람과 불순종의 사람 이야기

구약성경의 전체 중심 내용은 크게 두 종류의 사람으로 이해될 수 있습니다. 하나는 하나님의 말씀에 순종하는 사람과 또 하나는 불순종하는 사람입니다. 하나님의 말씀을 따르며 순종한 사람은 복을 받았지만 불순종한 사람은 어김없이 저주와 형벌을 받았던 것을, 이스라엘 역사를 통해 알 수 있습니다. 이스라엘 백성들은 인간의 대표적인 모델로서 양면성을 잘 보여 주고 있습니다. 하나님의 말씀에 순종하다가도 한편으로는 육신의 정욕에 이끌려 하나님의 말씀을 떠나는 불순종의 길을 걷게 됨을 보여 줍니다.

인간은 스스로 구원에 이를 수 없음이 구약성경의 결론적인 메시지입니다. 그것은 구약 성경 마지막 말라기가 주는 결론이기도 합니다. 마지막을 멋진 이야기가 아닌 비극적인 죄 된 인간의 비참함으로 끝을 맺은 것은 바로 이것을 보여 주기 위함이 아닐까요?

구약에서 말하는 교훈은 인간은 자기 힘으로는 결코 구원을 이룰 수 없다는 것입니다. 시간이 가면 갈수록 더욱 강퍅해지고 죄를 짓는 인간의 본성을 이스라엘 역사를 통해 분명히 깨닫게 됩니다. 인간의 힘으로는 근본적인 죄악을 해결할 수 없음을 다시 한 번 확인하게 됩니다.

이것은 결국 하나님의 은혜만이 전적으로 인간을 구원할 수 있음을 역설적으로 보여 주는 것이라 할 수 있습니다.

400년 동안 하나님의 침묵

400년이라는 침묵시대는 하나님의 말씀이 사라진 암흑의 시대입니다. 하나님의 말씀이 멈추면 결국 역사도 없습니다. 설사 있다 해도 더 이상 기록의 가치가 없고 그것은 세상의 역사일 뿐입니다. 말씀이 없는 생활, 그것은 곧 암흑의 생활입니다. 하나님의 말씀을 더 이상 듣지 않고 전하지 않는 곳은 바로 지옥 그 자체입니다.

오직 하나 희망이 있다면 다시 오실 메시야를 통하여 새로운 구원을 받는 길입니다. 인간의 노력이나 힘이 아닌 하나님의 은혜만으로 구원받는 일입니다. 그것만이 인간이 바랄 수 있는 최대의 희망입니다. 말라기 선지자는 더 이상 어떻게 해결할 수 없는 인간의 절망을 말하면서 예고한 새로운 희망은 오늘날 우리가 바라보아야 할 표상을 보여 주고 있습니다.

400년의 침묵기간을 우리는 신구약 중간시대라고 말하기도 합니다. 그 기간 동안에 많은 세상의 변화가 있었는데, 대표적으로 강대한 왕조 교체와 세 차례나 바뀐 유럽의 판도와 새로운 문화 출현입니다. 알렉산더를 통하여 전파된 헬레니즘 문화는 전 세계를 강타했습니다. 헬라를 중심으로 일어난 헬레니즘은 중간시대에 번성하여 세계의 큰 조류가 되었습니다. 헬레니즘은 하나님 없는 사람들의 문화와 힘입니다. 당시

저자 이대희 목사

장로회 신학대학교 신학대학원(M.Div)과 연세대학교 연합신학대학원(Th.M)을 졸업하고 현재 에스라성경대학원대학교 성경학박사(D.Liit) 과정 중이다.
예장총회교육자원부 연구원과 서울장신대학교 신학과 교수와 겸임교수를 역임하고 서울 극동방송에서 "알기 쉬운 성경공부" "기독교 이해" 등의 프로그램을 진행했다. 지난 20여 년 동안 성서사람 · 성서한국 · 성서교회 · 성서나라의 모토를 가지고 한국적 성경교육과 실천사역을 위해 집필과 세미나와 강의사역을 하고 있다. 현재 바이블미션(www.bible91.org) 대표, 꿈을주는교회 담임목사, 강남성서신학원 외래교수, 서울장신대 외래교수로 사역 중이다.
저서로 《30분 성경공부시리즈》《투데이 성경공부시리즈》《아름다운 십대 성경공부시리즈》《이야기대화식성경연구》《성경통독을 위한 11가지 리딩포인트》《심방설교 이렇게 준비하라》《예수님은 어떻게 교육했을까?》《1% 가능성을 성공으로 바꾼 사람들》《자녀를 거인으로 우뚝 세우는 침상기도》《하룻밤에 배우는 쉬운 기도》《하나님 이것이 궁금해요》《크리스천이 꼭 알아야 할 100문 100답》 등 100여 권이 있다.

성경, 한눈에 쏘옥~

틴~꿈 십대성경공부 / 성경개관 시리즈3 - 성경파노라마 구약3

초판 1쇄 발행일 / 2009년 1월 5일
재판 3쇄 발행일 / 2017년 12월 27일

지은이 / 이대희
펴낸이 / 김학룡
펴낸곳 / 엔크리스토
마케팅 / 이동석, 유영진
관리부 / 신순영, 정재연, 박상진, 김정구, 이건민

출판등록 / 2004년 12월 8일(제2004-116호)
주　　소 / 경기도 고양시 일산동구 장대길 74-10(장항동)
전　　화 / 031-906-9191
팩　　스 / 0505-365-9191
이 메 일 / 9191@korea.com
공 급 처 / 기독교출판유통

ISBN 978-89-92027-57-1 04230

값 3,500원

에 유대인들은 페르사와 헬라의 통치를 받고 이어서 로마의 통치를 받게 됩니다. 이 기간 동안에 마카비 반란 등 유대교의 종교적 공동체가 자연스럽게 형성되게 됩니다. 이때가 본격적으로 유대교가 만들어지는 시기입니다. 이스라엘 공동체의 본질적인 의미는 사라지고 이제 하나의 종교적인 집단으로서 유대교가 형성되고, 나중에 기독교와 대치를 이루게 됩니다. 바리새인과 서기관과 제사장, 사두개파들로 구성된 유대교는 신약의 예수 그리스도와 많은 갈등을 이루면서 결국은 그리스도를 십자가에 못 박아 죽이게 됩니다. 침묵기간에 하나님은 또 다른 일을 준비하고 계셨는데, 그것은 하나님이 이스라엘뿐 아니라 모든 인류를 구원할 새로운 메시야를 보내시는 일입니다.

기다림은 새로운 출발을 위한 준비입니다. 하나님은 긴 기다림을 통해 인간의 죄악을 깨닫고 인간을 겸손하게 만드십니다. 그리고 그 겸손한 인간들을 통해 새로운 역사를 시작하십니다.